BEI GRIN MACHT SICH IHR WISSEN BEZAHLT

AF156784

- Wir veröffentlichen Ihre Hausarbeit,
  Bachelor- und Masterarbeit

- Ihr eigenes eBook und Buch -
  weltweit in allen wichtigen Shops

- Verdienen Sie an jedem Verkauf

Jetzt bei www.GRIN.com hochladen und kostenlos publizieren

A healthy habit? Welche Auswirkungen hat modernes Self-Tracking auf Verhalten und Selbstwahrnehmung der Nutzer_innen?

Nadja Rose

Bibliografische Information der Deutschen Nationalbibliothek:

Die Deutsche Nationalbibliothek verzeichnet diese Publikation in der Deutschen Nationalbibliografie; detaillierte bibliografische Daten sind im Internet über http://dnb.d-nb.de abrufbar.

ISBN: 9783346440488
Dieses Buch ist auch als E-Book erhältlich.

Druck und Bindung: Books on Demand GmbH, Norderstedt Germany
Gedruckt auf säurefreiem Papier aus verantwortungsvollen Quellen

Das vorliegende Werk wurde sorgfältig erarbeitet. Dennoch übernehmen Autoren und Verlag für die Richtigkeit von Angaben, Hinweisen, Links und Ratschlägen sowie eventuelle Druckfehler keine Haftung.

Das Buch bei GRIN: https://www.grin.com/document/1033296

Heinrich-Heine-Universität Düsseldorf

Wintersemester 2020/21

Vertiefungsseminar „Digitale Mediennutzung und Data Literacy – Über Datenspuren und ihre Nutzung"

A healthy habit? – Welche Auswirkungen hat modernes Self-Tracking auf Verhalten und Selbstwahrnehmung der Nutzer_innen?

Inhaltsverzeichnis

1 Einleitung

In dieser Arbeit sollen die möglichen Folgen von Self-Tracking auf die Nutzer_innen genauer untersucht werden. Der Fokus liegt hierbei auf Self-Tracking im gesundheitlichen und sportlichen Bereich. Beispiele hierfür sind in den letzten Jahren immer populärer gewordene Fitness-Armbänder oder Fitness-Apps, mit denen Nutzer_innen ihre eigenen sportlichen Leistungen und Gesundheitszustände verfolgen können. Im Mittelpunkt dieser Arbeit steht das moderne Self-Tracking, also die Verwendung von beispielsweise den oben genannten Geräten oder Programmen zur Datenaufzeichnung. Die Methode händischer Tagebuchaufzeichnungen über bestimmte Daten steht in dieser Arbeit weniger im Fokus.

In einem ersten Schritt werden die Auswirkungen von Self-Tracking im Allgemeinen betrachtet und einige Beispiele hierzu gegeben. Darauffolgend werden die Auswirkungen zum einen auf die Selbstwahrnehmung und zum zweiten auf das Verhalten der Nutzer_innen genauer beleuchtet: Wie nehmen Nutzer_innen sich selbst wahr, nachdem sie mit Daten über sich selbst in Kontakt gekommen sind? Verändert sich die Selbstwahrnehmung? Inwiefern ändert sich das Verhalten der Nutzer_innen nachdem sie Daten ihre körperlichen Leistungen betreffend erhalten und ausgewertet haben? Motiviert die Dokumentation der eigenen sportlichen Leistungen oder führt diese zu einem eher negativen Druck, der die Nutzer_innen belastet?

Sowohl bezüglich der Selbstwahrnehmung als auch des Verhaltens wird zuerst auf mögliche positive und danach auf negative Aspekte eingegangen.

Anschließend folgt ein kurzer Exkurs, in dem Auswirkungen des sogenannten Sharings – also das Teilen der zur eigenen Person gesammelten Daten – genauer beleuchtet werden. In diesem Teil der Arbeit liegt der Fokus insbesondere auf dem Teilen der Ergebnisse in den sozialen Medien, beispielsweise mit einer großen Anzahl an Followern.

Abschließend werden im Fazit sowohl positive als auch negative Auswirkungen von Self-Tracking hinsichtlich Verhalten und Selbstwahrnehmung der Nutzer_innen aufgeführt und gegeneinander abgewogen.

2 Grundlegende Auswirkungen von Self-Tracking

Wenn man Self-Tracking und die Auswirkungen auf die Nutzer_innen im Allgemeinen – ohne einen speziellen Fokus auf sportliches Self-Tracking zu legen – betrachtet, ist grundsätzlich erkennbar, dass „die erhobenen Zahlen eine Form von (Selbst-) Überraschung [ermöglichen]. [...] Für den Protagonisten werden unvermutete Muster sichtbar, die ihm gleichwohl die eigene Kontingenz und Plastizität vor Augen führen." (Meißner, 2016, S. 225). Dies bedeutet, dass die Nutzer_innen durch die selbst erhobenen Zahlen und Daten bestimmte Informationen über sich erfahren können, die ihnen vorher ohne diesen Einblick noch nicht bekannt waren. Meißner führt allerdings weiter aus, dass diese Erkenntnis „keineswegs automatisch zu einer Optimierung im Sinne einer Selbsteffektivierung [führt]. Vielmehr ermöglichen gerade Zahlen ein distanziertes Selbstverhältnis" (2016, S. 229). Es ist demnach nicht so, dass Self-Tracking und die Daten, die dadurch gewonnen werden, direkt zu einer Änderung im Verhalten der Nutzer_innen führen. Stattdessen werden die Zahlen zunächst einmal als eine neutrale Grundlage betrachtet, auf der die Nutzer_innen aufbauen können. In einem zweiten Schritt können die Nutzer_innen mithilfe dieser Zahlen und Ergebnisse erkennen, ob und inwiefern eine Anpassung ihres Verhaltens notwendig sein könnte. Zudem kann sich diese Datengrundlage sowohl positiv als auch negativ auf die im nächsten Abschnitt genauer betrachtete Selbstwahrnehmung der Nutzer_innen auswirken.

3 Auswirkungen auf die Selbstwahrnehmung der Nutzer_innen

In den nächsten beiden Abschnitten werden die positiven und negativen Auswirkungen, die Self-Tracking auf die Selbstwahrnehmung der Nutzer_innen haben kann, genauer ermittelt. Da sich diese Arbeit hauptsächlich mit Self-Tracking im sportlichen und gesundheitlichen Bereich beschäftigt, stehen zunächst die Auswirkungen des Self-Trackings auf das eigene Körpergefühl im Vordergrund, das heißt inwiefern verändert sich der Blick des einzelnen Menschen auf seinen Körper. Darüber hinaus wird beleuchtet, welche positiven oder negativen Emotionen die erhobenen Daten bei den verschiedenen Nutzer_innen auslösen können.

3.1 Positive Auswirkungen auf die Selbstwahrnehmung

Als erste positive Auswirkung des Self-Trackings ist die verbesserte Körperwahrnehmung zu nennen. Dies bedeutet, dass sich durch das Self-Tracking in bestimmten Bereichen die Wahrnehmung verbessern kann. Scheermesser et al. beschreiben dazu in ihrer Studie: „Teilnehmende der Fokusgruppen berichteten, dass sie durch das Messen ein Gefühl für ihren Puls beim Laufen entwickelt haben" (2018, S. 60). Das Körpergefühl bezüglich ihrer eigenen Pulsfrequenz verbesserte sich demnach, nachdem die Nutzer_innen diesen mit Self-Tracking-Tools gemessen hatten.

Ebenfalls als positiv am Self-Tracking hervorzuheben ist das Gefühl eines Erfolges, wenn man die Ergebnisse seiner eigenen (sportlichen) Leistung schriftlich vor sich sieht. Hierzu berichtet Duttweiler in ihrem Kongressvortrag über ihre mit Studierenden der Sportwissenschaft geführten Interviews:

> „In allen Interviews wird darüber hinaus deutlich, dass die Daten, die durch Self-Tracking-Gadgets generiert werden, Emotionen auslösen. So können sie Anlass zu Stolz und Freude sein: ‚Ich denke, wenn man selbst aufschreibt, dann hat man auch so eine schriftlich [sic!] Bestätigung: o gut. In dem, dass ich es aufschreibe, bin ich in dem Moment stolz darauf, was ich gemacht hab' (Interview Lang)" (2014, S. 9).

Die Studierenden haben nicht länger nur im Kopf, welche Arten von sportlichen und gesundheitlichen Aktivitäten sie durchgeführt haben. Sie schreiben auf, was sie erreicht haben und daraus entsteht ein positives Erlebnis: sie sind stolz auf sich, so viel geschafft zu haben.

3.2 Negative Auswirkungen auf die Selbstwahrnehmung

Die beiden – oben als positiv – dargestellten Auswirkungen auf die Selbstwahrnehmung der Nutzer_innen können sich jedoch auch in das Gegenteil verkehren: In den von Duttweiler geführten Interviews mit den Sportstudierenden wird

> „häufiger […] von (befürchteten) negativen emotionalen Reaktionen berichtet: So beschreibt Kathrin Lang ‚Ich war wahnsinnig wütend auf mich selbst, weil ich nicht dachte, dass ich so wenig mache'" (2014, S. 9).

Hier tritt der gegensätzliche Effekt ein: Die Studierenden erkennen erst durch das Self-Tracking, dass sie weniger Sport machen und fühlen sich dadurch weniger gut. Wenn die Zahlen und Ergebnisse des Trackings nicht vorhanden gewesen wären, hätten die Studierenden nicht bemerkt, dass sie gar nicht so viel Sport treiben, wie sie selbst es vor dem Self-Tracking vermuteten. Und daraufhin wäre auch der negative Effekt auf ihre eigene Stimmung ausgeblieben.

Auch zu den oben genannten positiven Auswirkungen auf die Körperwahrnehmung, die Self-Tracking haben kann, existieren negative Gegenbeispiele:

> „Patientinnen und Patienten mit Diabetes sprachen hingegen von einer Beeinträchtigung der Körperwahrnehmung, wenn sie nur noch den Daten und nicht mehr dem eigenen Gefühl vertrauten. Das führte dazu, dass sie nicht mehr spüren, wenn sich der Blutzuckerwert verändert" (Scheermesser et al., 2018, S. 60).

Hier wird deutlich, dass im gesundheitlichen Bereich der Effekt auftritt, dass sich die Patient_innen in einem – zu – großen Maße auf die durch das Self-Tracking gewonnenen Daten verlassen. So entsteht der negative Effekt: Der Bezug, den die Patient_innen vorher zu ihrem Körper hatten, geht ein stückweit verloren. Diesen Verlust des eigenen Körpergefühls kann man auch im Sport feststellen: Sportler hören weniger auf den eigenen Körper und mehr auf Apps und technische Geräte, die sie nutzen: „Selbst wenn Sven aufwacht und sich ‚total gerädert' fühlt und sehr wahrscheinlich nicht trainieren würde, hört er auf die Apparatur" (2017, S. 134) fasst Kappler die Selbsterkenntnis eines Interviewten zusammen. Wotzinger geht noch einen Schritt weiter und bezeichnet das Self-Tracking als Hinweis auf ein „deutlich tiefergehende[s] Mistrauen dem eigenen Offline-Körper gegenüber. Insbesondere die Fähigkeit des probaten Erinnerns wird ihm […] in Abrede gestellt" (2020, S. 275). Insgesamt verändert sich die Körperwahrnehmung, da es den Nutzer_innen von Self-Tracking-Gadgets schwerer fällt, sich in gleicher Weise auf ihr Körpergefühl zu verlassen wie vor Beginn der Nutzung eines solchen Gadgets. Die Apps und Gadgets werden also als kompetenter als das eigene Körpergefühl empfunden, wenn es darum geht, auf seinen Körper und seine Bedürfnisse zu achten und danach zu handeln.

Ein weiterer Punkt, der sich negativ auf die Selbstwahrnehmung der Nutzer/innen auswirken kann, ist besonders durch die neuen technischen Möglichkeiten moderner Self-Trackings in den Vordergrund gerückt. Heutzutage ist es nicht mehr nur möglich, einige Daten selbst durch Aufschreiben in ein Tagebuch zu erfassen, stattdessen kann eine Vielzahl von Daten über einen beliebig langen Zeitraum hinweg in sehr vielen unterschiedlichen Bereichen aufgezeichnet und analysiert werden. Diese Datenmengen führen dazu, dass ein

> „weites Feld möglichen Scheiterns [entsteht]. […] [J]eder kann potentiell im Detail der Daten versagen: bei Kalorienverbrauch, Schlafrhythmus, Puls, den täglichen Schritten oder der Alltagsorganisation" (Wiedemann, 2016, S. 72).

Die Nutzer_innen haben ein so großes Feld, in dem sie sich theoretisch immer weiter verbessern können, dass es unmöglich ist, alle diese Punkte zu erfüllen. Hinsichtlich der Selbstwahrnehmung führt dies zu einem Gefühl des eigenen Scheiterns und Versagens.

4 Auswirkungen auf das Verhalten der Nutzer_innen

Die Folgen des Self-Trackings für die Selbstwahrnehmung der Nutzer_innen wirken sich in einem nächsten Schritt auch auf ihr Verhalten aus. Diese Verhaltensauswirkungen werden im Nachfolgenden eingeteilt in positive und negative Aspekte. Ein grundlegender Trend des modernen Self-Trackings ist dadurch entstanden, dass es nun möglich ist, eine Vielzahl an Daten automatisch erheben und auswerten zu können. Duttweiler hat in ihren Interviews mit Sportstudierenden festgestellt, dass es für diese wichtig ist, ihre sportlichen Aktivitäten mithilfe der Gadgets aufzeichnen zu können. „Mit den Self-Tracking-Gadgets haben sie [die Studierenden] nun buchstäblich Instrumente in der Hand, die ihnen (und anderen) nachweisen, dass sie Sport machen" (Duttweiler, 2014, S. 6). So dienen die Apps und Geräte dazu, einen Beweis zu erbringen, wie viele sportliche Aktivitäten die Nutzer_innen wirklich ausüben. Dieser Beweis kann nur dann erbracht werden, wenn die Geräte und Programme auch dazu in der Lage sind, die jeweilige Sportart aufzuzeichnen. Daher lässt sich eine weitere Verhaltensänderung beobachten, welche sich auf die Entscheidung für oder gegen das Betreiben einer Sportart bezieht:

> „Konrad Maier organisiert seine Bewegungspraktiken danach, ob sich Self-Tracking-Gadgets in seine Sportpraktiken einbauen lassen und ist vom Hockey-Spielen auf Laufen umgestiegen. Für diese Studenten ist es wichtig, dass das, was sie tun, als Sport klassifiziert (und damit anerkannt) wird" (Duttweiler, 2014, S. 6).

Self-Tracking-Gadgets tragen demnach dazu bei, bestimmte Sportarten als „erfassbaren" Sport zu klassifizieren. Sportarten, die nicht mittels einer App zu erfassen sind, werden nicht länger als Sport eingeordnet. Die Gadgets dienen also als Beweis, wieviel Sport die Nutzer_innen tatsächlich getrieben haben. Damit führen sie zu einer grundlegenden Änderung des sportlichen Verhaltens.

4.1 Positive Auswirkungen auf das Verhalten

Die positiven Auswirkungen auf das Verhalten der Nutzer_innen entstehen bereits die Art, wie die Daten gesammelt und analysiert werden. Self-Tracking-Gadgets ermöglichen es jeder Person selbst Daten über ihren eigenen Körper und Gesundheitszustand zu sammeln. Sie sind nicht mehr von einem Arzt und seinen technischen Geräten und Untersuchungen und den daraus entstehenden Resultaten abhängig, sondern sammeln die für sie interessanten Daten eigenständig: Der wichtigste Baustein „aller vorgeschlagenen Techniken […] zur Erhaltung von Gesundheit […] ist ihre Schwerpunktsetzung auf die Selbstbestimmung und Eigenverantwortlichkeit" (Wiedemann, 2016, S. 72). Für die Nutzer_innen verändert sich demnach der Blick auf ihre eigene Gesundheit. Die Eigenverantwortlichkeit rückt durch die Möglichkeit, sich die Daten selbst erschließen und analysieren zu können in den Vordergrund.

Vor allem Apps und Geräte, welche die Nutzer_innen dauerhaft bei sich tragen, können auch auf andere Weise zu einer Verhaltensänderung im positiven Sinne führen. Unter anderem Apps auf dem Smartphone können für „die Etablierung einer Gewohnheit z.B. durch Hinweise, Erinnerungen und Belohnungen" (Scheermesser et al., 2018, S. 58) sorgen. Beispielsweise durch Erinnerungen in Form von Pop-Up-Nachrichten und Hinweistönen werden die Nutzer_innen wiederkehrend an eine bestimmte Aktivität erinnert und bauen so leichter eine Gewohnheit auf. Darüber hinaus können beispielsweise Lauf-Apps durch positives Feedback dabei helfen, die Nutzer_innen weiter in ihrer sportlichen Aktivität zu bestärken. Zudem haben viele Smartphone-Apps Features, mit denen die eigenen erreichten Leistungen veröffentlicht werden können. Dadurch entsteht „soziale Motivation" (Scheermesser et al., 2018, S. 58), wenn Freunde_innen aufgrund dieser Leistungen weiter bestärken und motivieren.

Lupton führt als weitere positive Auswirkung den Begriff der Self-Awareness an:

„A major feature and attraction of self-tracking for many practitioners is using the information they collect on themselves to achieve self-awareness and optimise or improve their lives." (2014, S. 5f.)

Die Nutzer_innen wollen demnach durch die selbst gesammelten und ausgewerteten Daten mehr über sich selbst, ihren Gesundheitszustand erfahren und so in der Lage sein, ihr Leben zu verbessern.

4.2 Negative Auswirkungen auf das Verhalten

Im Folgenden werden zwei grundsätzliche negative Auswirkungen auf das Verhalten vorgestellt, die durch Self-Tracking entstehen können. Der erste der beiden Punkte betrifft die Technik des modernen Self-Trackings mit neuen Technologien und Apps. Er bezieht sich auf die Gefahr, die entstehen kann, wenn Nutzer_innen sich mehr auf die erhobenen Zahlen und Daten konzentrieren als auf Anderes:

„Due to their seductive entanglements with the technology, participants were frequently distracted from personal goals, personal gratification, and perhaps most worryingly, personal experience." (Kent, 2020, S. 12)

Kent beschreibt, dass die Nutzer_innen sich möglicherweise allein auf die erhobenen Zahlen konzentrieren könnten: Beispielsweise joggt ein Läufer nur noch aufgrund der Statistiken in seiner Running-App und nicht mehr, weil es ihm guttut, sich zu bewegen und draußen an der frischen Luft Sport zu treiben. Das kontinuierliche Tracking der eigenen (sportlichen) Leistungen könnte also dazu führen, dass der Sport selbst – und damit auch der gesundheitliche Aspekt – selbst in den Hintergrund treten.

Negative Emotionen können auch im Zusammenhang mit der Aufzeichnung der Daten entstehen, da die Nutzer_innen die Richtigkeit und Vollständigkeit der Daten einen hohen Stellenwert zumessen:

„Einige Befragte gaben an, dass es sie sehr verärgert, wenn die Aufzeichnungen allzu ungenau sind oder misslingen - sie haben den Eindruck, mit einem Verlust der Daten verschwinde auch die Tätigkeit" (Duttweiler, 2014, S. 6).

Hier kommen negative Emotionen wie Wut und Verärgerung auf, weil die sportliche Tätigkeit weniger oder gar nicht mehr als Sport wahrgenommen wird, wenn sie nicht in den Statistiken der erbrachten Leistungen auftaucht. Die Nutzer_innen identifizieren sich in erster Linie über die in der App gesammelten Zahlen und Daten und nicht mehr über ihr eigenes Gefühl, dass ihnen bestätigt Sport getrieben zu haben.

5 Exkurs: Auswirkungen des Sharings der gesammelten Self-Tracking-Daten

Im folgenden letzten Abschnitt vor dem abschließenden Fazit der Arbeit werden die Auswirkungen des Teilens der gesammelten Daten in den Blick genommen. Auch das Sharing ist ein Nebeneffekt insbesondere des Self-Trackings mit modernen technischen Möglichkeiten. Wie oben bereits beschrieben, ermöglich vor allem Apps heutzutage schnell und unkompliziert das Teilen der gesammelten Daten der sportlichen Leistungen mit Freunde_innen und Followern.

Das Teilen und gemeinsame Verfolgen der – teilweise live – entstehenden Daten lassen andere Rollen entstehen. Zuvor unterschieden sich Sportler_innen, die ihre Sportart allein ausgeübt haben von denjenigen, die ihrer Sportart in einem Verein mit einem Team und Trainer/innen nachgegangen sind. Nun „begeben sich die Nutzer_innen solcher Apps in die Doppelrolle der Überwacher_innen und Bewachten" (Schöttler, 2016, S. 205). Dies geschieht zum Beispiel, wenn Läufer/innen bei ihrem Lauf live beobachtet werden können und ihre Freunde_innen die Möglichkeit haben sie anzufeuern oder ihnen nach dem Lauf über Kommentare Tipps zu geben, wie sie das nächste Mal noch etwas schneller sein können.

Diese entstehende Doppelrolle führt direkt zu einem anderen positiven Effekt des Teilens der selbst getrackten Daten:

> „Durch das Bewusstsein, dass nicht nur die Anwender/-innen selbst wissen, ob sie joggen gehen und welche Leistung sie dabei erbringen, sondern auch viele andere, lässt sich ein wesentlicher Anteil der Motivationsfähigkeit der Self-Tracking-Technologien erklären." (Schaupp, 2016, S. 74)

Nun erbringt man die eigene Leistung nicht länger nur für sich selbst, sondern auch als Beweis für andere. Dadurch steigt die Motivation, besser zu werden und über sich selbst hinauszuwachsen – eben um es nicht nur sich selbst, sondern auch anderen zu beweisen.

Allerdings kann sich durch das Teilen der eigenen Daten nicht nur die Motivation erhöhen. Das Teilen kann sich auch negativ auswirken. Die Nutzer_innen fühlen sich möglicherweise durch das Wissen, dass auch andere Personen ihre Leistungen und Ergebnisse sehen können und sie so einem dauerhaften Vergleich und eventuell auch Wettbewerb unterworfen sind, unter Druck gesetzt:

> „Participants identified that these pressures when prolonged over months of […] training felt distracting, and led to them at times being unable to focus on their own training plan and personal goals." (Kent, 2020, S. 9)

Durch diesen Druck sei es für die Nutzer_innen schwierig, sich auf sich selbst und die eigenen Ziele zu konzentrieren, schreibt Kent. Hier wirkt sich das Teilen also negativ aus: Die Sportler_innen fühlen sich nicht motivierter, sondern verspüren eine steigende Last, nicht nur sich selbst, sondern auch den Erwartungen ihrer Follower gerecht zu werden.

6 Schluss

Die zu Beginn dieser Arbeit aufgeworfenen Fragen lassen sich nunmehr wie folgt beantworten. Sowohl die Selbstwahrnehmung als auch das Verhalten verändern sich durch das Self-Tracking weder allein negativ noch allein positiv. Es lassen sich in beiden Bereichen positive und negative Effekte feststellen.

Die Frage, ob sich die Selbstwahrnehmung verändert, ist also definitiv mit Ja zu beantworten. Die Nutzer_innen nehmen sich, ihren Gesundheitszustand und auch ihre sportlichen Aktivitäten durch und mit Self-Tracking anders wahr, als sie dies ohne moderne technische Hilfsmittel und deren aufbereitete Daten und Zahlen könnten. Die Selbstwahrnehmung kann sich durch Self-Tracking auf der einen Seite verbessern (beispielsweise können Nutzer_innen dadurch ein besseres Gefühl für ihren Körper bekommen). Auf der anderen Seite kann sie sich allerdings auch verschlechtern, wenn sich statt auf das eigene Körpergefühl mehr auf die Analysen und Statistiken einer App verlassen wird. Denn dadurch kann das Gefühl für den eigenen Körper und dessen Bedürfnisse nachlassen. Auch nur das vor Augen Führen der eigenen Ergebnisse kann schon zu einem anderen Gefühl führen: Die Nutzer_innen können auf der einen Seite stolz auf sich sein, wie viel Sport sie treiben, auf der anderen Seite aber ebenso enttäuscht, wenn sie erkennen, dass man weniger Sport treiben, als sie eigentlich gedacht hätten.

Wie oben beschrieben sind die Auswirkungen auf das Nutzerverhalten ebenso ambivalent. Die Frage aus der Einleitung, ob das Tracking der eigenen Daten der sportlichen Motivation im positiven Sinne zuträglich ist oder eher dazu führt, dass die Nutzer_innen mehr – negativen – Druck verspüren, ist nicht klar zu beantworten. Beides kann für verschiedene Nutzer_innen zutreffen. Hiermit korrespondieren vor allem die Auswirkungen, die durch Möglichkeit des ständigen Teilens der eigenen Daten entstehen, wie es im letzten Kapitel angesprochen wurde.

 Es gibt den Effekt, dass sich Sportler_innen unter anderem im oben genannten Beispiel des gelegentlichen Joggens und Trackens der eigenen Laufleistung motivierter fühlen, wenn sie diese Leistung teilen konnten. Andere können sie so bestärken und zu einer noch besseren Leistung bringen, die sie vielleicht allein und ohne die Möglichkeit des Teilens moderner Self-Tracking-Daten nicht erreicht hätten. Andererseits könnte es zu einer negativen Reaktion kommen, wenn die Nutzer_innen sich eher unter Druck gesetzt fühlen und sich durch das Wissen des Beobachtet-Werdens Stress aufbaut.

Insgesamt wird deutlich, dass modernes Self-Tracking grundsätzlich sowohl positive als auch negative Auswirkungen auf die Nutzer_innen haben kann.

7 Literaturverzeichnis

Duttweiler, S. (2014, April). *Sport machen! Self-Tracking-Gadgets als neue Partizipanden in Praktiken des Sports.* Vortrag präsentiert auf dem Kongress „Sport als kulturelle Praxis" an der Universität Oldenburg, Deutschland. https://www.academia.edu/31080842/Sport_machen_Self_Tracking_Gadgets_als_neue_Partizipanden_in_Praktiken_des_Sports

Kappler, K. (2017). Dem Körper auf den Leib rücken? (Selbst-)Vermessung von Alltag, Körperwerten und (Epi-)Genetik. *Phänomenologische Forschungen,* 2017-2, 131-146. https://doi.org/10.28937/1000107740

Kent, R. (2020). Self-Tracking Health Over Time: From the Use of Instagram to Perform Optimal Health to the Protective Shield of the Digital Detox. *Social Media + Society,* July-September 2020, 1-14. https://doi.org/10.1177/2056305120940694

Lupton, D. (2014, August). *Self-Tracking Modes: Reflexive Self-Monitoring and Data Practices.* Paper für den Workshop „Imminent Citizenships: Personhood and Identity Politics in the Informatic Age" an der Australian National University, Canberra, Australien. https://doi.org/10.2139/ssrn.2483549

Meißner, S. (2016). Selbstoptimierung durch Quantified Self? In S. Selke (Hrsg.), *Lifelogging. Digitale Selbstvermessung und Lebensprotokollierung zwischen disruptiver Technologie und kulturellem Wandel* (S. 217-236). Springer VS. https://doi.org/10.1007/978-3-658-10416-0

Schaupp, S. (2016). Wir nennen es flexible Selbstkontrolle: Self-Tracking als Selbsttechnologie des kybernetischen Kapitalismus. In S. Duttweiler, R. Gugutzer, J.-H. Passoth, & J. Strübing (Hrsg.), *Leben nach Zahlen. Self-Tracking als Optimierungsprojekt?* (S. 63-86). De Gruyter. https://doi.org/10.14361/9783839431368-003

Scheermesser, M., Meidert, U., Evers-Wölk, M., Prieur, Y., Hegyi, S., & Becker, H. (2018). Die digitale Selbstvermessung in Lifestyle und Medizin: eine Studie zur Technikfolgenabschätzung. *Technikfolgenabschätzung – Theorie und Praxis,* 27, 57-62. https://doi.org/10.14512/tatup.27.3.57

Schöttler, C. (2016). Self-Tracking zwischen Emanzipation und digitaler Überwachung. Die Rolle Big Datas für ein autonomes Verhalten. *ComSoc Communicatio Socialis*, 49, 201-210. https://doi.org/10.5771/0010-3497-2016-2-201

Wiedemann, L. (2016). Datensätze der Selbstbeobachtung – Daten verkörpern und Leib vergessen!? In S. Selke (Hrsg.), *Lifelogging. Digitale Selbstvermessung und Lebensprotokollierung zwischen disruptiver Technologie und kulturellem Wandel* (S. 65-93). Springer VS. https://doi.org/10.1007/978-3-658-10416-0

Wotzinger, F. (2020). *Körper und Medium im Spiegel Sozialer Netzwerke* (Dissertation). Otto-Friedrich-Universität Bamberg. https://dx.doi.org/10.20378/irb-47431

BEI GRIN MACHT SICH IHR WISSEN BEZAHLT

- Wir veröffentlichen Ihre Hausarbeit, Bachelor- und Masterarbeit

- Ihr eigenes eBook und Buch - weltweit in allen wichtigen Shops

- Verdienen Sie an jedem Verkauf

Jetzt bei www.GRIN.com hochladen und kostenlos publizieren